AF361133

1892 Mars 19

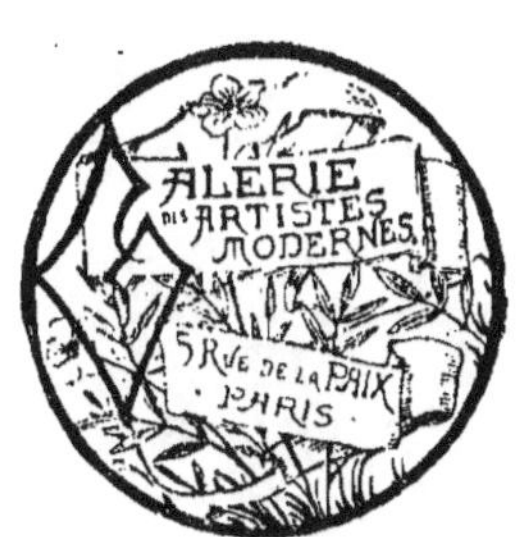

TABLEAUX

ET

FUSAINS

PAR

J.-J. BELLEL

PARIS — 1892

IMPRIMERIE MAULDE et RENOU

A. MAULDE & Cie

IMPRIMEURS DE LA COMPAGNIE DES COMMISSAIRES-PRISEURS

Rue de Rivoli, 144. — Paris

TABLEAUX

ET

FUSAINS

PAR

J.-J. BELLEL

Chevalier de la Légion d'Honneur

DONT LA VENTE AURA LIEU

HOTEL DROUOT, SALLE N° 1

Le Samedi 19 Mars 1892

à 2 heures très précises

———~~~~~———

Me Léon TUAL	**MM. J. CHAINE et SIMONSON**
COMMISSAIRE-PRISEUR	EXPERTS
Rue de la Victoire, 56	Rue de la Paix, 5

CHEZ LESQUELS ON DÉLIVRE LE CATALOGUE

———~~~~~———

EXPOSITION PUBLIQUE

Le Vendredi 18 Mars 1892, de 1 h. 1/2 à 5 h. 1/2

———

PARIS — 1892

CONDITIONS DE LA VENTE

Elle sera faite au comptant.

Les Acquéreurs paieront CINQ POUR CENT en sus des enchères, applicables aux frais de vente.

A. MAULDE et Cᵢₑ, imprimeurs de la Cᵢₑ des Commissaires-Priseurs,
rue de Rivoli, 144.　　　800—21846

J.-J. BELLEL

—

Ces paysages superbes, toiles d'une facture peu commune de nos jours, — ces dessins, ces fusains si magistralement traités, sont le labeur de plus de trente années, et c'est l'œuvre d'un véritable maître qui va se disperser, disons mieux, se classer.

Il y a peu de temps encore M. Bellel, âgé déjà, mais infatigable, vivait, travaillant toujours, entouré de toutes ces choses qu'il avait créées, vécues, de toutes ces choses qu'il avait aimées, — quand la destinée le frappa cruellement : sa vue se perd, et l'artiste éminent et si amoureux de son art qui va stoïquement assister à sa vente, entendra bien qu'on emporte une à une telles parts de lui-même, mais il ne saura leur envoyer du regard le mélancolique et suprême adieu.

Que le vieil ami de Corot, de Decamps, de Dupré, se console; il aura du moins cette joie de savoir que sa place est à jamais assurée dans les grandes galeries, en la compagnie de ceux-là qui partirent avant lui, mais dont il fut le frère d'armes au temps des saines rébellions contre les vieilles formules.

M. Jean-Joseph Bellel est né en 1816, d'un père architecte. Il dut tout d'abord embrasser la même carrière, mais y renonça vers sa vingtième année pour se

donner entièrement à la peinture, et reçut les leçons
de Justin Ouvrié.

Son premier salon date de 1838, puis dix ans pas-
sèrent vite : des études sérieuses, un long voyage en
Italie, et enfin, en 1848, M. Bellel, qui obtint une
médaille de première classe, exposa entre autres choses
un grand dessin où il se révéla maître en un art nou-
veau et dont il restera l'inventeur : le fusain.

Un jour Decamps lui-même, très étonné et très épris,
lui demanda de vouloir bien lui servir de professeur ;
ce que M. Bellel fit avec bonheur. C'est de lui, du
reste, que depuis lors tous les fusainistes ont essayé de
procéder, beaucoup avec talent, mais sans jamais arri-
ver à sa haute maîtrise, en ce genre qui demande tout
à la fois autant de largeur que de simplicité dans l'exé-
cution, — les deux grandes qualités qui caractérisent
ce bel artiste.

Sa vision, toujours grandiose, est traduite sans
effort, mais avec puissance et sobriété, comme dans
Le Ravin de Thiers ce grand et si magnifique fusain
qui reste une des plus belles pages du maître, une véritable richesse pour un Musée. — Un seul autre fusain,
d'à peu près semblable importance, *Une Vue de Provence*, figure déjà au Musée de Montpellier.

Et combien il fait grand même en un petit cadre, —
combien tous ses dessins comportent d'étendue, d'air,
de poésie !

Comme peintre, comme beau et chaud coloriste,
M. Bellel est un peu de la famille des Marilhat. Même
dans ses vues de France il garde les chaleurs de tons
de l'Orient; — son œil ne s'est jamais déshabitué des
rutilantes colorations des ciels du Sahara algérien,
qu'il visita longuement durant son séjour en Afrique.
C'est ce qui fait que nous retrouvons dans *La Cavée*

de Gironde, dans *La Roche, près de Chàteldon*, deux
œuvres capitales, la même intensité de palette que dans
le *Ravin de Constantine*, une toile qui suffirait à elle
seule pour assurer l'avenir d'un nom.

Dire que M. Bellel fut parmi les révolutionnaires de
son époque, cela fera sourire certains jeunes d'aujour-
d'hui, qui ont élevé le barbouillage à la hauteur d'un
principe, et cela est vrai pourtant, — il fit la guerre au
paysage historique, et si le sien est composé en partie,
il ne l'est jamais que sous l'impression d'une chose vue.

Il a remplacé le convenu par le choix, mais il lui faut
la noblesse, l'harmonie des lignes, il ne fait pas de
concessions à la pureté du style.

Il donne un aspect de grandeur aux choses qu'il voit. Il
y a dans toutes ses toiles, qu'il peigne une plaine ou un
ravin, quelque chose de chevaleresque, — son œuvre
est d'un preux qui magnifie la nature.

Aussi exact qu'il soit, son paysage donne l'impression d'un âge antérieur ; — il est calme et rien n'est
apaisé, il garde comme une sorte de menace latente, et
l'inquiétude plane. Dans les sites, que de préférence il
aime à nous montrer, le sol a toujours été ravagé,
les cataclysmes y ont laissé quelque chose de sauvage,
— c'est du paysage où les fanfares vont éclater, où
l'on ne serait pas surpris de voir briller dans les nuages
l'épée d'Odin, d'où jaillissent les éclairs ! — Comme
dans la chanson de Roland, que M. Bellel eût illustrée
en maître, les puys sont hauts, ténébreux et grands !
farouches vallons ! rapides les torrents ! et noirs les bois
de pins dans les montagnes bleues !

C'est du paysage, enfin, qui gêne les anémiés, mais
qu'eussent aimé les trouvères et redresseurs de torts :
— on y respire de la vie, on y coudoie de la bravoure,
on y gagne de la fierté.

Théophile Gautier, ce puissant de la plume, avait coutume de dire, comme en son *Voyage à Constantinople*, et alors que quelques sites l'avaient frappé : « J'ai rencontré en ma route de bien beaux Bellel. » Cette critique en vaut une autre.

Sa peinture a de solides dessous, des formes décisives aux lignes définies ; il construit avec franchise et peint sans empâtements, usant souvent dans les premiers plans de fermes touches plates, habiles à reculer les horizons, à poétiser les fonds en les adoucissant.

Nul ne sait comme lui faire rageusement s'agrafer les arbres séculaires aux flancs de la terre crevassée, et s'y plonger leurs racines serpentueuses jusqu'au plus profond de ses entrailles, — et je songe en disant cela, à la toile superbe dont il a fait présent jadis à M. Marcille, pour son Musée d'Orléans : « *A Trani, sur la Mer Adriatique.* »

Balzac croyait aux influences du nom, — ne trouvez-vous pas que l'œuvre du maître a quelque analogie avec la belle allure de ces deux syllabes qui sonnent comme un olifant : Bel-lel!!

Ce convaincu, ce grand artiste qui ne va plus vivre désormais qu'avec ses souvenirs, avec ses pensées, était Chevalier de la Légion d'honneur depuis plus de trente ans, — il est désormais mieux que cela, car la réunion de ses œuvres l'affirme, aujourd'hui, un des premiers paysagistes du siècle.

HIPPOLYTE DEVILLERS.

DÉSIGNATION

TABLEAUX

1 — Route de Lachaux à Châteldon (Puy-de-Dôme).

H. 1^m70 ; L. 1^m25.

2 — La Cavée de Gironde, à Châteldon (Puy-de-Dôme).

H. 1^m05 ; L. 1^m48.

3 — La Roche, près Châteldon (Puy-de-Dôme).

H. 0^m80 ; L. 1^m15.

4 — Le Ravin de Constantine (Algérie).

H. 1^m14 ; L. 1^m00.

5 — Souvenir de Provence — Bords du Rhône.

H. 0^m69 ; L. 1^m10.

6 — Le Ravin de Gironde.

H. 1^m00 ; L. 1^m10.

7 — Vue prise de Toulon (Var).

H. 0^m70 ; L. 0^m55.

8 — Caravane sur la route de Stora à Constantine.

H. 0^m50 ; L. 0^m92.

9 — Dans les montagnes de Kabylie.

H. 1^m00 ; L. 1^m10.

10 — Oasis sur la route de Médéah à Boghar.

H. 8^m56 ; L. 1^m03.

11 — Rêverie (Panneau décoratif).

H. 1^m00 ; L. 0^m47.

12 — Bords du Tibre (Campagne de Rome).

H. 1^m25 ; L. 1^m70.

13 — Dans le Ravin de Gravenoire, près Châteldon (Puy-de-Dôme).

H. 0^m40 ; L. 0^m59.

14 — Sur la route de Thiers à Ambert (Puy-de-Dôme).

H. 0^m27; L. 0^m36.

15 — Dans les Plaines de Grasse (Près Cannes).

H. 0^m24; L. 0^m35.

16 — Le Ruisseau des Mésanges à Tauves (Auvergne).

H. 0^m00; L. 0^m00.

17 — La Vallée du Rhône.

H. 0^m5o; L. 0^m62.

18 — La Mare de Tauves (Auvergne).

H. 0^m19; L. 0^m24.

19 — Lisière de Bois à Berthecourt (Oise).

H. 0^m13; L. 0^m17.

20 — A Médéah (Algérie).

H. 0^m11; L. 0^m15.

21 — A Berthecourt (Oise).

H. 0^m07; L. 0^m12.

22 — Environs de Blidah (Algérie).

H. 0^m08; L. 0^m12.

23 — Dans les Gorges de La Chiffa.

H. 0^m33 , L. 0^m53.

24 — La Fuite en Egypte.

H. 0^m33; L. 0^m53.

25 — Vue prise de Tauves (Auvergne).

H. 0^m78; L. 1^m12.

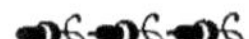

ETUDES

26 — A Capri.

H. 0^m95 ; L. 0^m74.

27 — Capécure.

H. 0^m89 ; L. 0^m61.

28 — La Cour de Claude, le Sabotier de Châteldon (Puy-de-Dôme).

H. 0^m47 ; L. 0^m59.

29 — Étude d'Automne (Raincy).

H. 0^m70 ; L. 0^m46.

30 — Le Pont de Longueil à Berthecourt (Oise).

H. 0^m55 ; L. 0^m37.

31 — Étude de Sapins dans les bois de la Bolle
(Vosges).

H. 0^m55 ; L. 0^m41.

32 — Entrée de Ferme sur le chemin des Sources,
au château Tapon (Châteldon, Puy-de-Dôme).

H. 0^m34 ; L. 0^m49.

33 — Étude faite en Auvergne.

> H. 0^m51 ; L. 0^m24.

34 — Étude faite en Auvergne.

> H. 0^m51 ; L. 0^m24.

35 — Chemin de Marcoussis au Déluge (Seine-et-Oise).

> H. 0^m32 ; L. 0^m26.

36 — Dans les Bois de Montmorency.

> H. 0^m34 ; L. 0^m23.

37 — La Mare du Déluge à Marcoussis.

> H. 0^m28 ; L. 0^m30.

38 — Dans la Forêt de Pierrefonds.

> H. 0^m27 ; L. 0^m34.

39 — Environs de Vichy (Allier).

> H. 0^m24 ; L. 0^m33.

40 — Dans le Parc du Raincy.

> H. 0^m30 ; L. 0^m19.

41 — La Chaux, près Châteldon.

> H. 0^m26 ; L. 0^m24.

42 — Forêt de Bondy.

H. 0ᵐ31 ; L. 0ᵐ23.

43 — Sur les Hauteurs du Ravin de Châteldon.

H. 0ᵐ42 : L. 0ᵐ55.

44 -- A Pierrefonds (Sous Bois en Automne).

H. 0ᵐ33; L. 0ᵐ47.

45 — Automne — Forêt de Compiègne.

H. 0ᵐ41 ; L. 0ᵐ28.

46 — Intérieur de Cour à Thiers.

H. 0ᵐ25 ; L. 0ᵐ23.

47 — Aux Environs de Montpellier.

H. 0ᵐ16; L. 0ᵐ22.

48 — Saint-Amé (Vosges).

H. 0ᵐ16; L. 0ᵐ24.

49 — Saint-Amé (Vosges).

H. 0ᵐ17; L. 0ᵐ24.

50 — Échange des Otages, près Médéah (Algérie)

H. 0ᵐ07 ; L. 0ᵐ21.

51 — A Constantine, au fond du Rummel.

H. 0^m14 ; L. 0^m21.

52 — Oasis à Biskra.

H. 0^m12 ; L. 0^m22.

53 — Dans l'Oasis de Biskra.

H. 0^m10 ; L. 0^m21.

54 — Dans les Vosges.

H. 0^m11 ; L. 0^m18.

55 — Repos de la Sainte-Famille.

H. 0^m00 ; L. 0^m00.

56 — Caravane se rendant à Tombouctou (Aqua-
relle).

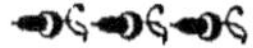

FUSAINS

68 — Dans les Montagnes de l'Estérel.

69 — Quatre Dessins sur nature faits à Châteldon (Puy-de-Dôme.)

70 — Dans le Parc de Mouchy (Oise).

71 — Une Rue, à Châteldon.

72 — Vue générale de Châteldon, prise des Fontaines.

73 —· Au Sommet de la Gratta.

74 — Sommet de Gironde.

75 — Dans le Ravin de Gironde près Châteldon.

76 — Une Rue de Châteldon.

77 — Une Rue de Châteldon, vues des ruines du château.

78 — Chemin des Fontaines à Châteldon.

79 — Une Rue à Thiers.

80 — Vue de Châteldon.

81 — Le Simoun (Algérie).

82 — Château de Mouchy, près de l'intérieur du Parc.

83 — Étude de hêtres, à Pierrefonds (Oise).

84 — Chemin de la Chaux, à Châteldon.

85 — Le Lac de Retournemer (Vosges).

86 — Les Quatre-Saisons (Composition).

87 — Maison du Sabotier Claude, à Châteldon.

88 — Les Bois de la Chaux (Puy-de-Dôme).

89 — Un Pâturage à Châteldon (Puy-de-Dôme).

90 — Vallée de la Bolle (Vosges).

91 — Cours du Sillet à Berthecourt (Oise).

92 — Une Place de Châteldon.

93 — Intérieur de Bois.

94 — Dans les Plaines de l'Allier, près Monmont.

95 — Les Roches de la Gratta, près Châteldon.

96 — Étude faite à Tauves.

97 — Étude à Châteldon.

98 — Sur le Chemin de Châteldon à Vichy.

99 — Sur le Chemin de Châteldon.

100 — Le petit Ruisseau — Bois de Gravenoire.

101 — Intérieur d'une maison à Thiers.

102 — Effet du Soir — Sous Bois.

103 — Une Rue à Thiers.

104 — Intérieur de Ferme à Thiers.

105 — Vue des Plaines de la Limagne, prise des hauteurs de Châteldon.

106 — Dans le Ravin de Thiers.

107 — Ravin de Châteldon.

108 — Ferme, près Châteldon.

109 — A travers les Cévennes,

110 — Le Ruisseau de Châteldon.

111 — Intérieur d'une Maison à Thiers.

112 — Le Ruisseau de Châteldon à Gravenoire.

113 — Une Rue de Thiers conduisant au Ravin.

114 -- Ris, près Châteldon.

115 — Châteldon.

116 — Bois de Gironde, à Châteldon.

117 — A Châteldon, près la route de Ris.

118 — Boutique de Coutelier à Châteldon.

119 — Vue prise à Thiers dans le fond du Ravin.

120 — Grande Rue de Châteldon, aux Fontaines.

121 — De Châteldon à Thiers.

122 — Une Ferme à l'intérieur de Châteldon.

123 — Dans le Bois de Gravenoire, à Châteldon.

www.ingramcontent.com/pod-product-compliance
Lightning Source LLC
LaVergne TN
LVHW020849200726
843508LV00003B/1115